Bibliografische Information der Deutschen Nationalbibliothek:

Die Deutsche Bibliothek verzeichnet diese Publikation in der Deutschen National-
bibliografie; detaillierte bibliografische Daten sind im Internet über http://dnb.d-
nb.de/ abrufbar.

Impressum:

Copyright © 2018 GRIN Verlag
Druck und Bindung: Books on Demand GmbH, Norderstedt Germany
ISBN: 9783346078087

Dieses Buch bei GRIN:

https://www.grin.com/document/510235

Sabrina Hämmerlein

Sportmarketing. Merchandising, Licensing und Sponsoring eines Sportvereins

GRIN Verlag

GRIN - Your knowledge has value

Der GRIN Verlag publiziert seit 1998 wissenschaftliche Arbeiten von Studenten, Hochschullehrern und anderen Akademikern als eBook und gedrucktes Buch. Die Verlagswebsite www.grin.com ist die ideale Plattform zur Veröffentlichung von Hausarbeiten, Abschlussarbeiten, wissenschaftlichen Aufsätzen, Dissertationen und Fachbüchern.

Besuchen Sie uns im Internet:

http://www.grin.com/

http://www.facebook.com/grincom

http://www.twitter.com/grin_com

Deutsche Hochschule für
Prävention und Gesundheitsmanagement

Einsendeaufgabe

Fachmodul: Sportmarketing

Studiengang: Sportökonomie

Datum
Präsenzphase: 23.04.2018 – 26.04.2018

Name, Vorname: Hämmerlein, Sabrina

Studienort: **Stuttgart**

Semester: **WS 2016**

Inhaltsverzeichnis

1   SWOT – Analyse

Im Folgenden wird eine SWOT-Analyse zur TSG 1899 Hoffenheim durchgeführt. Die Analyse Aspekte Stärken (Strengths), Schwächen (Weaknesses), Chancen (Opportunities) und Risiken (Threats) werden zusammen mit den daraus folgenden Strategiekombinationen in einer SWOT – Matrix dargestellt.

Stärken und Schwächen

Die TSG Hoffenheim führt eine sehr gute Jugendförderung durch. Die Schüler werden von Profis ausgebildet und werden auf Basis eines speziell ausgearbeiteten Ausbildungsplans ausgebildet. Neben dem Leistungssport wird hier auch auf die Schulische Leistung achtgegeben (TSG Akademie, Fußball und mehr).

Als weitere stärke zählt der sehr gute Trainer Julian Nagelsmann. Durch ihn konnte die TSG Hoffenheim bereits sehr gute Erfolge erzielen, was durch seine Niederlagenquote von nur 12,3 Prozent 2015, bestätigt wird (Eurosport, 2015).

Die dritte Stärke des Vereins ist seine Stadionkapazität. Mit einer Kapazität von 30150 Plätzen (TSG 1899 Hoffenheim) zählt es zu den Größeren Stadien. Durch das Ticketing kann deshalb auch ein guter Umsatz gemacht werden.

Neben den Stärken werden Ebenfalls die Schwächen untersucht. Seit 1989 unterstützt der Mäzen Dietmar Hopp die TSG Hoffenheim und hat bereits über 350 Millionen Euro beigetragen. Zusätzlich besitzt er die Mehrheit an der Spielbetriebsgesellschaft (Spiegel Online GmbH, 2015). Im Fall dessen, wenn die Unterstützung von Dietmar Hopp wegfällt, steht der Verein vor einem großen Problem.

Im Gegensatz zu anderen Vereinen der Bundesliga besitzt die TSG eine relativ kleine Fangemeinde (Nielsen Sports Fußball- Monitor 2016/2017, 2016). Dies ist eine weitere Schwäche des Vereins.

In der Vergangenheit wurden bereits Riskante Fehleinkäufe von Spielern getätigt, so zum Beispiel 2011. In diesem Jahr wurden ca 30 Millionen Euro verschenkt (Zeit, 2011). Eine der Schwächen war deshalb das Finanzmanagement sowie fehlende Zahlungsmittel um Profis einzukaufen.

Chancen und Risiken

Zu den Risiken zählt zum einen die Konkurrenz. Durch viele Profivereine besteht für die guten Spieler immer eine andere Möglichkeit in einem anderen Verein zu spielen. Daran muss man arbeiten um gute Spieler zu halten. Auch das Wegfallen des Mäzens Dietmar Hopp stellt ein Risiko dar. Es muss ein Plan entwickelt werden, der in diesem Fall greift. Als drittes Risiko besteht das Bild, in dem der Verein als Marke steht. Er wird als erkaufte Marke dargestellt, da Dietmar Hopp eine wesentliche Rolle im Finanziellen Teil des Vereins spielt.

Auch Chancen gibt es für den Verein. Durch das hohe Interesse der Bevölkerung für Fußball (Universität Hamburg), kann dies für den Verein genutzt werden, um mehr Nachwuchs und Fans zu gewinnen. Auch die Professionalisierung der Vereine und das besser ausgebildete Personal stellt eine Chance dar. Dadurch lässt sich das Potential des Vereins weiter ausschöpfen. Als dritte Chance steht der sportliche Erfolg des Vereins. Wenn man weiter daran arbeitet und den Bundesliga Rang verbessert wird er Bekannter, bekommt mehr Fans und eine höhere Medien Präsenz.

Tab. 1: SWOT – Matrix.

	Chancen	Risiken
	• Professionelle Mitarbeiter in Vereinen. • Hohes Fußballinteresse (Universität Hamburg) • Sportlicher Erfolg	• Konkurrenz • Wegfallen des Mäzens • Schlechtes Markenbild
Stärken	S-O-Strategien	S-T-Strategien
• Jugendförderung (TSG Akademie, Fußball und Mehr) • Guter Trainer (Eurosport,2015) • Hohe Stadionkapazität (TSG 1899 Hoffenheim)	• Durch gut ausgebildete Spieler aus der eigenen Akademie lässt sich der sportliche Erfolg des Vereins selbst steuern. Hier ist es wichtig Spieler gut auszubilden um den Verein voran zu bringen, gute Leistungen zu erzeugen und somit die Bekanntheit und Umsätze zu Erhöhen	• Durch das Große Stadion und die damit verbundene große Kapazität soll das Markenimage weg von der finanziellen Abhängigkeit hin zum Emotionalen Zusammenhalt der Fans sowie ein großes Miteinander gelenkt werden. • Durch die eigene Jugendförderung gehen Spieler hervor, die

		von Anfang an mit dem Verein verbunden sind. Dadurch soll die Konkurrenz in Schatten geworfen werden. Auch durch den Trainer soll der Verein für die Spieler interessant bleiben.

Durch die hohe Stadionkapazität ist für die Fußballinteressierten vorgebeugt. Es können viele Sportinteressierte in das Stadion. Somit werden Umsätze aus Ticketing generiert und die Fandichte kann wachsen.

Schwächen	W-O-Strategien	W-T-Strategien
• Abhängigkeit von Dietmar Hopp (Spiegel Online GmbH, 2015). • Kleine Fangemeinde (Nielsen Sports Fußball- Monitor 2016/2017, 2016) • Spieler Einkäufe (Zeit, 2012)	• Indem man die Fangemeinde durch bessere Öffentlichkeitsarbeit vergrößert, kann man das hohe Interesse am Fußball nutzen und die Fangemeinde weiter ausbauen. • Indem der Verein die Spieler Einkäufe aufmerksamer Tätigt soll der Verein die Chance bekommen Erfolgreicher werden.	• Um im Fall des wegfallen der Unterstützung nicht Hilflos da zu stehen, muss der Verein weiterhin an seinen Erfolgen zum Beispiel durch die Jugendförderung gearbeitet werden. Ebenfalls müssen Transvers gut durchdacht sein und ein neuer Finanzplan aufgestellt werden. • Durch den Aufbau der Fangemeinde und dem Umlenken des Markenimages auf den Zusammenhalt der Fans und dem guten Gefühl am Geschehen dabei zu sein, soll die Fangemeinde und somit die Beliebtheit des Vereins nicht geschadet werden können.

2 Merchandising und Licensing

2.1 Wer?

Der Verein feiert sein 30-Jähriges Jubiläum. Um dieses zu feiern soll ein Merchandisingsortiment entwickelt werden, welches sich auf das Jubiläum bezieht. Anschließend soll es auf den Markt gebracht werden. Der Volleyballverein liegt in einer Stadt mit ca. 100000 Einwohnern. Der Verein beschreibt sich als freundlich, sportlich und familiär und möchte durch Kooperationen vor allem Kinder und Jugendliche für ihren Sport begeistern. Die Merchandising Artikel sollen deshalb Hauptsächlich auf Veranstaltungen, Wettkämpfen und in Schulen vertrieben werden. Durch das Geschäftsmodell der Auslagerung betrieblicher Teilfunktionen werden nicht alle Rechte abgegeben, dennoch bekommt der Verein professionelle Unterstützung von Menschen, die sich mit dem Fanartikelgeschäft auskennen. Zusätzlich wird der Zeitliche und Finanzielle Rahmen, durch die Unterstützung von dritten, für den Verein Selbst verringert.

2.2 Was?

Das Kernsortiment:

Das Kernsortiment umfasst alles, was zu einem Wettkampfbesuch gehört. Für das Jubiläumsjahr wird deshalb ein Jubiläumstrikot zusammengestellt. Auf dem Trikot ist hinten das Vereinslogo zu finden, auf der Vorderseite befindet sich ein Aufdruck „Seit 30 Jahren stark". Das Trikot gibt es für Kinder und Erwachsene und wird in den Vereinsfarben gestaltet. Zur Kollektion werden ebenfalls Schweißbänder und Trinkflaschen in den Vereinsfarben mit Vereinslogo gestaltet. Zusätzlich steht noch ein Fan Schal zum Verkauf.

Das Zusatzsortiment:

Im Zusatzsortiment befinden sich Zielgruppenartikel und Anlassartikel. Da in der Sportstätte regelmäßig Sportveranstaltungen, Wettkämpfe und Vereinsfeste stattfinden, gibt es dort auch immer Verpflegung für diese Events. Passend dazu werden Trinkdosen und Flaschen mit dem Jubiläumsaufdruck und in den Vereinsfarben hergestellt und bei diesen Anlässen verkauft.

Außerdem werden Collage Blöcke mit Vereinslogo hergestellt, da der Verein viel Jugendarbeit durch Kooperationen mit Schulen leistet.

Randsortiment:

Im Randsortiment befinden sich Sport- und Clubferne Artikel. Für den Verein werden in diesem Bereich Schlüsselanhänger in den Vereinsfarben und Regenschirme mit Jubiläumsaufschrift produziert.

2.3 Wem?

Durch die Produkte sollen zum einen Kinder und Jugendliche von 6-16 Jahren angesprochen werden. Zum anderen aber auch die Zuschauer des Volleyballsports, also Männer und Frauen zwischen 30 und 50 Jahren.

2.4 Bedingungen

Die Produkte werden mit Hilfe der Marktpreisstrategie vertrieben, da es sich nicht um Hochpreisige Produkte von Namhaften herstellen handelt. Bei dieser Strategie werden Priese zusammengestellt, die Wettbewerbsfähig sind und sich im Durschnitt des Marktes befinden. So ist es für alle, vor allem auch für die Zielgruppe der Kinder und Jugendlichen, Erschwinglich. Der Preis für die Trikots wird bei 55 € liegen für Erwachsene, für Kinder werden es 30,90 € sein. Die Schweißbänder liegen bei 4.90 € und Trinkflaschen bei 7 €. Der Fan Schal kostet den Käufer 8 €. Die Trinkdosen liegen bei einem Euro und die Flaschen bei 2 €. Die Collage Blöcke für die Schüler liegen bei einem Verkaufspreis von 1,99 €. Die Schlüsselanhänger werden für 2 € verkauft und Regenschirme für sechs Euro.

2.5 Kanäle

Um die Produkte an den Fan zu bringen wird zum einen der Eigenvertrieb gewählt. Hierfür wird es einen Vereinseigenen Online Shop geben, wodurch die Fanartikel bestellt werden können. Zusätzlich wird in der Sportstätte ein kleiner Fanshop mit den Fanartikeln eröffnet. Als weiterer Vertriebsweg wird der Fremdvertrieb im Örtlichen Kaufhaus genutzt. Hierdurch soll zusätzlich Aufmerksamkeit für den Verein gewonnen werden und eine Größe Reichweite der Fanartikel erreicht werden.

2.6 Begleitmaßnahmen

Um das Konzept Bekannt zu machen werden in der Vereinszeitschrift Fanartikel gedruckt und die Kanäle, über die man die Artikel kaufen kann, bekannt gegeben. Ebenfalls wir auf der Facebook Seite und auf der Internetseite ein Link zum Online Shop veröffentlicht. In der Stadt werden einige Plakate platziert, um im größeren Ausmaß das Jubiläum zu verkünden und dadurch auf die Fanartikel aufmerksam zu machen.

2.7 Zeitraum

Das Merchandising Konzept wird auf das Jubiläumsjahr ausgesetzt. Die Artikel sind das ganze Jahr über erhältlich.

3 Digitalisierung

Der Verein:

Im Folgenden wird der hypothetische Jugendorientierte Verein vorgestellt.

Tab. 2: Vorstellung des Vereins.

Vereinsangebot (Kernangebot)	- Breiten- und Leistungssport
	- Geräteturnen, Fußball, Leichtathletik
	- Viele weitere kleinere Abteilungen
Mitgliederzahl	6000
Anzahl bezahlter Mitarbeiter	50
Anzahl ehrenamtlicher Mitarbeiter	100

Zielgruppen

Für den hypothetischen Verein werden zwei Zielgruppen für die App festgelegt. Die erste Zielgruppe beinhaltet die Jugendlichen und Erwachsenen, die bereits in diesem Verein trainieren. Das Ziel ist dann alle miteinander zu vernetzen. Sie sollen intern Einblicke in bevorstehende Wettkampftermine bekommen und können sich alle bevorstehenden Termine ansehen. Außerdem sollen sie durch diese App miteinander kommunizieren können, also in Gruppenchats der einzelnen Vereinsabteilungen agieren können. Somit wird die Kommunikation verbessert und eine größere Verbundenheit zum Verein geschaffen.

Die Zweite Zielgruppe umfasst die Personen, die nicht selbst im Verein trainieren aber Fans des Vereins sind und diejenigen, die noch Mitglied werden möchten. An diese Menschen richtet sich das Marketingziel bekannter zu werden.

Inhalt der App:

Nachfolgend wird der Inhalt der App dargestellt.

Tab. 3: Inhalte der App.

Themen	Mehrwert für den Kunden	Mehrwert für den User
Veranstaltungen und Wettkämpfe/ Turniere: Auf einen Blick die Termine für die Turniere Parat haben	- Trainer müssen nicht immer alle Turniere selber bekanntgeben. - Mehr Transparenz.	- Überblick auch über andere Abteilungen als die eigenen. - Mehr Möglichkeiten neue Sportarten kennen zu lernen
Anmeldungen für Mitgliedschaften: Einfach über die App passende Abteilung auswählen und anmelden.	- Einfacher Prozess um Neukunden zu generieren. - Schnellere Verarbeitung der Neuanmeldungen. - Jugendliche werden angesprochen, da diese gerne Apps und digitale Medien verwenden.	- Einfacher Anmeldungsprozess
Aktuelles: Neuigkeiten Rund um den Verein erfahren.	- Vertrauen wird vermittelt - Eine größere Reichweite wird erreicht	- Immer die Neuesten Informationen Parat und somit einen größeren Bezug zum Verein herstellen
Spiel/ Wettkampfergebnisse: Alle Ergebnisse auf einen Blick	- Durch sichtliche Erfolge den Bekanntheitsgrad steigern. Und somit mehr Mitglieder generieren	- Ergebnisse vergleichen und Einblick in die Sportarten bekommen.

Chancen und Risiken:

Eine Chance der App ist die Verbesserung der Interaktion und Identifikation. Vereinsmitglieder, Fans und Mitarbeiter können sich durch das Nutzen der App mehr mit dem Verein sowie mit den Sportlern identifizieren. Durch das Nutzen der App können sie immer mitsprechen. Dies schafft eine Engere Bindung zwischen Sportlern, Fans und Mitarbeitern. Eine weitere Chance ist das Virale Marketing. Durch dieses werden Inhalte wesentlich schneller verbreitet. So kann man durch das nutzen der App den Bekanntheitsgrad steigern und somit den Marktanteil der App erweitern. Bezogen auf die Zielgruppe und das Ziel jugendliche für den Verein zu gewinnen, verbreitet sich das Nutzen einer neuen App schnell.

Ebenfalls gibt es auch gewisse Risiken. Eines davon ist die Datensicherung. Die App ist für jeden frei zugänglich, deshalb sollte sich jeder, der in der App interagiert bewusst sein welche Inhalte er veröffentlicht. Ein weiteres Risiko ist, dass man sich nur noch auf die Kommunikation über die App fokussiert. Da es trotzdem noch Menschen gibt, die nicht so Smartphone Affin sind oder einfach kein Interesse an einer App haben. Deshalb sollte man eine Balance zwischen den sozialen Medien und dem Verbreiten von Informationen über andere Kanäle finden, um so möglichst viele Menschen zu erreichen.

Der Bekanntheitsgrad:

Der Bekanntheitsgrad der App lässt sich zum einen durch die Vereinszeitung erhöhen. Gute Platzierung in der Zeit soll auf das Erscheinen der neuen App aufmerksam machen. Weiterhin kann man soziale Medien wie Facebook verwenden. Ein Facebook Post mit Link zur App lässt dieses zu und kostet den Verein nichts. Ebenfalls sollte auf der Internetseite des Vereins eine Information zur App erscheinen. Um noch eine größere Reichweite zu erzeugen, auch für nicht Vereinsmitglieder, wird in der Tageszeitung ein Artikel zur Einführung und den Inhalten der App veröffentlicht.

4 Sponsoring

Das Sponsoring des Laufevents wird von einem Großen Lebensmittel Verkäufer vorgenommen. Die Kette hat Deutschlandweit Filialen. Es bewirbt Lebensmittel vom Gemüse bis zu Süßigkeiten und Getränken. Alle Lebensmittel die man braucht, inklusive wöchentlich wechselnder Sonderangebote von günstigen Sportklamotten bis zum Grillzubehör. Diese sind aber Saisonabhängigkeit und hauptsächlich steht der Verkauf von Lebensmittel Produkten im Vordergrund. Hauptzielgruppe der Firma sind zum einen Alleinstehende Personen aber auch Familieneltern, also Personen zwischen 20-55 Jahren. Ebenfalls gibt es die Zielgruppe der Studenten und Auszubildenden sowie Senioren. Somit deckt das Unternehmen eine Große Zielgruppe ab und ist gut geeignet dafür, ein Sponsor für das Laufevent zu sein.

Die Produkte werden zum einen hauptsächlich in den Filialen angeboten. Zum anderen auch bei den Events an Ständen. Zusätzlich gibt es online einen Service, durch den man sich die Lebensmittel nach Hause liefern lassen kann.

Als Kommunikationsinstrumente werden die Fernsehwerbung und Online Werbung auf verschiedenen Plattformen verwendet. Hinzukommen Werbeplakate in Großstätten sowie Werbebroschüren, die der Zeitung beigelegt werden.

Fur das Laufevent steht ein großer Sponsoring Prozess für das Unternehmen bevor. Zunächst werden Ziele für das Event festgelegt. Ein Ziel ist es das Image der Händler zu verbessern um noch mehr Käufer für sich zu gewinnen. Es soll Vertrauen zu den Produkten und der Firma hergestellt werden. Auch der Bekanntheitsgrad soll durch das Event weiter gesteigert werden.

Bei dem Laufevent werden Erwachsene jeglichen Alters teilnehmen. Es wird also die Zielgruppe mit ungefähr der gleichen Altersklasse wie die Zielgruppe des Lebensmittelherstellers angesprochen. Da am Marathon gezielt Sportler in der Zielgruppe liegen, dies aber nicht hauptsächlich die Zielgruppe des Unternehmens definiert werden nicht sämtliche Teilnehmer und Zuschauer angesprochen. Auch werden Kinder anwesend sein, die das Event mitverfolgen, welche Ebenfalls nicht in der Zielgruppe des Unternehmens liegen. Dennoch ergibt sich eine Große Schnittmenge dadurch, dass ein Großteil der Teilnehmer in der passenden Altersspanne liegen.

Beim Laufevent werden verschiedene Einzelmaßnahmen zusammengestellt. Da jeder Teilnehmer ein Giveaway aus Zusammenstellungen der Sponsoren bekommt, werden darin Energieriegel sowie Getränke zu finden sein. Weiterhin gibt es eine Streckenverpflegung nach 5 km, 11 km und 17 km. Das Unternehmen wird an 11 km ein kleines Zelt mit Getränken und Obst vorbereiten. Das Zelt wird in den Unternehmensfarben gestaltet. Um auch von den Zuschauern wahrgenommen zu werden, werden Fahnen und Banner mit dem Unternehmenslogo am Streckenrand aufgestellt. Auf der Startnummer, die sich die Läufer auf das Trikot kleben, wird ebenfalls das Unternehmenslogo zu sehen sein. Da es beim Zieleinlauf ein Unterhaltungs- und Verpflegungsprogramm geben wird, werden dort Getränke sowie Snacks verkauft, für Zuschauer und Teilnehmer. Durch diese Maßnahmen sollen die Unternehmensziele erreicht werden.

Nach dem Event muss der Erfolg des Sponsorships überprüft werden. Dies wird durchgeführt durch eine Kontrolle der Platzierungen der Banner und Fahnen, sowie des Zeltes am Streckenrand und des Verkaufsstandes am Ziel. Ebenfalls werden Befragungen nach dem Laufevent vor Ort und Online durchzuführen, um herauszufinden in wieweit die Teilnehmer und Zuschauer auf das Unternehmen aufmerksam gemacht wurden und in welchem ausmaß der Bekanntheitsgrad gesteigert wurde, sowie wie das Unternehmen wahrgenommen wurde. Ebenfalls wird eine Kosten-Nutzen-Analyse durchgeführt um die ökonomischen Auswirkungen für das Unternehmen kenntlich zu machen.

5   Literaturverzeichnis

Eurosport (2015), *Julian Nagelsmann: Jung, mutig und geil auf Erfolg*. Zugriff am 08.05.2018. Verfügbar unter https://www.eurosport.de/fussball/bundesliga/2014-2015/julian-nagelsmann-jung-mutig-und-geil-auf-erfolg_sto4968876/story.shtml.

Nielsen Sports Fußball-Monitor 2016/2017 (2017), *Lieblingsvereine in der Fußball–Bundesliga*. Zugriff am 31.05.2018. Verfügbar unter http://nielsensports.com/wp-content/uploads/2017/01/Lieblingsvereine-Fussball-Bundesliga_Nielsen-Sports.jpg.

Spiegel Online (2015), *Hopp übernimmt die Mehrheit bei 1899 Hoffenheim*, Zugriff am 03.05.2018. Verfügbar unter http://www.spiegel.de/sport/fussball/dietmar-hopp-uebernimmt-die-mehrheit-bei-1899-hoffenheim-a-1017616.html.

Sport.de (2012), *Hopp: 1899 Hoffenheim hat 30 Millionen Euro verschenkt*, Zugriff am 09.05.2018. Verfügbar unter https://www.sport.de/news/ne1900869/hopp-1899-hoffenheim-hat-30-millionen-euro-verschenkt/.

TSG 1899 Hoffenheim, *Fußball und mehr*. Zugriff am 05.05.2018. Verfügbar unter https://www.achtzehn99.de/akademie/philosophie/.

TSG 1899 Hoffenheim, *Die Wirsol Rhein- Neckar- Arena in Zahlen*. Zugriff am 08.05.2018. Verfügbar unter https://www.achtzehn99.de/arena/daten-fakten/.

Universität Stuttgart, *Studie: Fußball bleibt die Deutsche Nummer eins!*. Zugriff am 10.05.2018. Verfügbar unter https://www.uni-hamburg.de/webseitenwerbepartner/fussball-studie.html.

6   Abbildungs- und Tabellenverzeichnis

6.1   Tabellenverzeichnis